Notice sur l'ancien couvent des Augustins de Poitiers

Par M. Bélisaire LEDAIN

DON
BIBLIOTHÈQUE MUNICIPALE

I0098521

La transformation, ou plutôt la destruction de l'ancienne église des Augustins, dont la belle porte du xviie siècle faisait l'ornement de la place d'armes, a provoqué tout naturellement l'attention des antiquaires poitevins sur ce monument. Grâce à des démarches heureuses, il ne disparaîtra pas tout entier. La porte, généreusement offerte par les propriétaires de l'église à la Société des Antiquaires de l'Ouest, sera reconstruite par ses soins avec une subvention du ministère des beaux-arts dans le jardin de son hôtel, don de M. de Chièvres, qui occupe l'emplacement même du couvent des Augustins. Il n'est pas sans intérêt, pensons-nous, de retracer à cette occasion l'histoire de cet établissement religieux.

Le couvent des Augustins doit sa fondation à Herbert Berland, chevalier, seigneur des Halles de Poitiers, qui, par donation du 14 août 1345, affecta pour sa construction un terrain contenant un arpent situé sur la place du Marché Vieux, auquel il ajouta des vignes s'étendant par derrière (1). L'année suivante, Herbert Berland se distingua dans la défense de Poitiers contre l'invasion anglaise du comte Derby (7 octobre 1346). Fait prisonnier par l'ennemi il fut condamné à payer une rançon ruineuse de trois mille livres. Le roi Philippe de Valois, voulant le récompenser et l'indemniser, lui concéda, le 16 décembre 1347, le transport de la foire d'octobre dite de la Pierre-Levée, dans son hôtel des Halles où sa famille jouissait déjà depuis 1188 des profits de la foire de la Mi-Carême. Par son testament du 18 septembre 1356, Herbert Berland donna aux Augustins pour l'achèvement de leur église une somme de 140 livres et choisit sa sépulture dans la dite église, devant le grand autel. Il déchargea par le même acte leur terrain d'une rente de neuf livres formant une portion de la dotation d'une chapellenie fondée autre-

(1) Arch. de la Vienne, fonds des Augustins, l. I. — Mémoire sur les Halles de Poitiers par Rédet.

fois à Saint-Porchaire par son père défunt. Enfin il leur donna une
dotation de 56 livres de rente assise sur les halles, pour célébrer
trois messes chaque semaine pour le repos de son âme. Il mourut
peu de temps après et fut enseveli dans le chœur des Augustins,
ainsi qu'il l'avait demandé. On lui éleva un tombeau d'une certaine
importance sur lequel était étendue sa statue en costume de chevalier (1).

Son fils du même nom, Herbert Berland, donna au couvent des
Augustins, par son testament du 8 octobre 1422, une vigne située
dans son clos des Halles. Mais antérieurement les religieux avaient
reçu de diverses personnes des terrains de la valeur d'un demi-ar-
pent en deux parties dont l'une touchait aux murs de leur église du
côté par où l'on entre, devant le marché Vieux et le long de la maison de Jean Trouillon, couturier, et dont l'autre était située le long
de la dite église du côté par où l'on entre au cloître, devant le
marché Vieux et le long de la maison de Jean Champaigno, appelée
la Côte de la Baleine. Le prieur et ses religieux obtinrent du duc
de Berry, comte de Poitou, au mois de décembre 1384, l'amortissement pour les donations de ces terrains (2).

Un peu plus tard, le maire de Poitiers et un certain Jean Grain concédèrent aux Augustins ce qu'ils possédaient sur un terrain *maisons
et fondeiz* situés le long du chemin du marché Vieux à S.-Ladre
d'une part, le long du chemin de St-Porchaire à St-Hilaire d'autre
part, et près des maisons et vergers des dits religieux, d'autre
part. Les donateurs stipulèrent de la part des donataires la célébra-
tion d'un anniversaire annuel pour le repos de leurs âmes. En outre, les religieux achetèrent d'André Mauvesin, bourgeois, la part
qu'il avait dans le susdit terrain, d'une étendue de 200 toises carrées.
Cette acquisition était faite dans le but de construire de nouveaux
édifices pour l'augmentation du couvent. Le duc de Berry, sollicité
par eux, les confirma dans ces nouvelles possessions et leur fit re-
mise du droit d'amortissement, à la charge de dire une messe tous les
jours à son intention durant tout le cours de sa vie (février 1399) (3).

Les Augustins afin de compléter l'enclos de leur couvent obtinrent

(1) Arch. de la Vienne, fonds des Augustins, l. I. — Mém. sur les Halles.
(2) Arch. de la Vienne, f. des Augustins, l. I.
(3) *Idem.*

Le couvent des Augustins en 1659, vu du côté de l'Occident.

le 6 mars 1399, de la commune de Poitiers représentée par son procureur Pierre Chartren et de l'aumônerie de l'Échevinage représentée par Étienne Guischart, bourgeois, la concession, moyennant la rente perpétuelle de 30 sols, de la maison de la Côte de Baleine appartenant à la dite aumônerie depuis le xiiie siècle. Cette maison était située, dit l'acte, à Losme Landain qui fait le coin des chemins de St-Porchaire à St-Hilaire et du Marché Vieux à St-Ladre et tenant à la longue allée qui est devant la maison et d'autre part aux maison et verger qui furent à Jean Grain (1).

Dès le milieu du xive siècle, les Augustins bâtirent, sur leur terrain devant la place du Marché Vieux, des maisons qu'ils concédèrent à cens (2).

Durant la même période, les Augustins obtinrent un privilège d'une grande importance. Le 2 septembre 1377, le souverain pontife les exempta de la juridiction de l'ordinaire (3).

Vers le milieu du xve siècle, ils reconstruisirent presque toute leur église, notamment le chœur. L'évêque de Noyon, Michel, consacra le nouveau monument le 15 avril 1448. Une indulgence de 40 jours fut accordée à cette occasion aux pénitents qui visiteraient cette église chaque année le jour anniversaire de sa dédicace. Les travaux de reconstruction ayant causé la ruine du tombeau du fondateur Herbert Berland, les religieux l'avaient placé au niveau du pavé. Mais Jean Mérichon, successeur des Berland dans la seigneurie des Halles, s'en plaignit vivement et les poursuivit. Comme son droit était certain, les religieux ne purent alléguer à leur décharge que l'accident survenu pendant les travaux. Ils transigèrent donc le 4 janvier 1456, reconnaissant à Mérichon la faculté de relever, quand il le voudrait, le tombeau du fondateur son ancêtre, dans le même lieu et dans la même forme qu'auparavant, ainsi que de rétablir la litre seigneuriale autour de l'église. Jean Mérichon, conseiller du roi, père de celui-ci, avait gratifié autrefois le couvent d'une somme de mille livres (4).

Jean Berland, seigneur de Lié, par son testament du 15 novem-

(1) Arch. de la Vienne, fonds des Augustins, l. 7.
(2) Idem, l. 2.
(3) Idem, l. 1.
(4) Idem, l. I.

bre 1466, fit élection de sépulture en l'église des Augustins, dans le tombeau du fondateur Herbert Berland son aïeul et de Jean Berland son père, et fit un don de 6 écus d'or aux religieux (1).

Dans le but de régulariser leur enclos, les Augustins conclurent avec le prieur de St-Porchaire, Pierre de Montfort, un échange de vignes par acte du 30 juin 1467. Le dit prieur leur cédait une pièce de treilles ou vignes, de dix journaux, située le long du mur de leur jardin d'une part, le long de la rue de St-Porchaire à St-Hilaire d'autre part, le long de la vigne du dit prieur derrière la maison de feu maitre Germer d'autre part. Les religieux lui donnaient en contre-échange deux vignes, l'une près de la Chandelière et d'une vigne de St-Hilaire, l'autre le long de la rue de St-Porchaire à la Chandelière, près de la vigne cédée par le dit prieur (2).

Un échevin de Poitiers, Guillaume Macé, appartenant à une notable et ancienne famille municipale, fit, par son testament du 16 novembre 1491, une fondation de messes d'anniversaire dans l'église les Augustins où il choisit en même temps le lieu de sa sépulture entre les autels de St-Éloi et de St-Nicolas de Tolentino (3).

Le 25 septembre 1501, Olivier Mérichon, fils de Jean, fonde une messe au grand autel, dans la même église, pour la dotation de laquelle il donne une rente de 40 livres assise sur sa maison des Anges et autres, près des Halles. Une autre messe est fondée dans la chapelle de Notre-Dame de Pitié, le 1er avril 1531, par Louis de Montbron, sr d'Auxances et des Halles de Poitiers. Le 10 juin 1532, le couvent des Augustins est gratifié d'une treille de sept journaux par Robert Irland, dit M. l'Escossais, treille qu'il tenait par échange du prieur de St-Porchaire (4).

Le 24 novembre 1550, le lieutenant général de la sénéchaussée, François Doyneau, autorisa les religieux à comprendre dans leur ancien clos de vignes une autre vigne qu'ils possédaient derrière le logis de la Monnaie, en laissant entre leur muraille et la dite maison une petite rue de sept pieds de large communiquant à la rue de Geffe appelée plus tard des Hautes-Treilles. Il les autorisa en outre

(1) Arch. de la Vienne, fonds des Augustins, 1. I.
(2) *Idem*, 1. I.
(3) Arch. de la Vienne, fonds des Augustins, I. I. — Guillaume Macé institue comme son héritier son fils Hilaire.
(4) *Idem*, 1. 2.

à vendre un jardin sis en la dite rue de Geffe, près de la maison de François Poupet, à la charge par l'acquéreur d'y bâtir dans le délai d'un an (1).

Un échange de terrains fut conclu, le 7 mars 1551, entre Hector Amon, prieur des Augustins docteur'en théologie, et Joachim de la Croix, éc., sᵣ des Brétinières. Par cet acte, Joachim de la Croix cédait aux religieux une vigne de 7 toises de long, sise près de leur vigne et de la sienne, non loin de la rue de Geffe. Ceux-ci lui cédaient une vigne de 22 toises, près de la sienne et tenant au sentier qui débouchait dans la rue Geffe (2). Ces divers contrats qui, malgré les détails des délimitations qu'ils contiennent, ne peuvent donner une idée suffisamment nette de l'état ancien des lieux aujourd'hui si transformés, avaient pour but de régulariser l'enclôture du couvent.

En 1559, les Augustins, autorisés par les officiers royaux, arrentèrent divers terrains pour y construire des maisons, afin de se créer des revenus. Le 18 août ils concédaient ainsi l'emplacement où était le portail et la sacristie avec conditions de placer l'entrée où se trouvait la sacristie qui serait transférée dans une chapelle commencée. Le 2 septembre ils faisaient adjuger cinq emplacements sur la rue des Hautes-Treilles, à Pierre Cotereau, Laurent Dreux, Jean David et Jean du Pays. Ce dernier emplacement était contigu à la porte charretière du couvent qui aboutissait près du puits. Il passa en 1577 à Jean Pamphile sergent royal et plus tard à M. Cytois apothicaire. En 1565, ils arrentèrent à François Clabat, avocat, un logis le long de la même rue des Hautes-Treilles, qui passa plus tard à Claude Bonneau de Beauregard (3).

En 1561, le couvent fut victime d'une invasion violente et inattendue de la part des protestants qui, depuis plusieurs jours, cherchaient à s'emparer d'une église de la ville pour y exercer leur culte. Malgré les représentations faites à leur ministre par les officiers royaux et refusant de se soumettre à l'édit royal du mois d'août 1561, ils s'assemblèrent en grand nombre, le samedi 14 octobre, devant la porte des Augustins qu'ils ébranlèrent avec fureur, apostrophant les religieux et leur criant : ouvrez vos portes. Pendant ce

(1) Arch. de la V., f. des Aug., l. 7.
(2) *Idem*, l. 7.
(3) *Idem*, l. 2.

temps-là un autre groupe de gens, la plupart inconnus et masqués, attaquaient la porte de derrière dite porte charretière qu'ils firent sauter au moyen de leviers et de gros marteaux. Parvenus dans les cloîtres ils s'emparèrent des clefs, ouvrirent les autres portes et forcèrent les religieux à se retirer dans leurs chambres. Le lendemain dimanche et jours suivants le ministre précha la nouvelle doctrine dans l'église et s'y installa comme si elle lui appartenait. Le président du Présidial, Aubert, le lieutenant général, de la Haye, et le lieutenant criminel, de Brilhac, impuissants devant l'émeute, car ils n'avaient aucunes forces à leur disposition, informèrent immédiatement le roi de la rébellion des protestants, en prévinrent également le sénéchal, Montpezat, et ouvrirent une enquête. Le roi envoya ses instructions le 30 octobre. Il ordonnait au gouverneur du Poitou, comte du Lude, et au sénéchal de se transporter à Poitiers, d'enjoindre aux protestants d'évacuer le couvent et de le restituer à ses légitimes propriétaires. En cas de refus il leur prescrivait d'employer la force. Il leur recommandait aussi de rechercher les plus coupables et de les livrer à la justice (1).

Les officiers royaux réussirent à remettre aux Augustins leur monastère. Mais un plus grand malheur ne devait pas tarder à fondre sur ces religieux. Les horribles pillages et violences de toutes sortes commis à Poitiers, au mois de mai 1562, par les bandes protestantes de Grammont et de Sainte-Gemme ne pouvaient manquer de les atteindre. Les autels et tout le mobilier de l'église et du couvent furent complètement détruits (2).

Réduits à la plus extrême misère par suite de ces désastres, les Augustins cherchaient tous les moyens susceptibles de leur procurer quelque ressource. Le 27 janvier 1574, leur prieur, Etienne Serpet, arrentait l'infirmerie du couvent, moyennant 12 livres. Le 23 juillet suivant, le prieur Christophe Gérardy arrentait, moyennant 30 livres, à Antoine Dapvril, hôtellier, l'ancien logis de la Baleine qui passa plus tard, en 1579, à Joachim d'Arnault (3).

La restauration des ruines eut lieu lentement et péniblement.

(1) Fonds Français 15875, pp. 356, 355, 369. Lettre des officiers de Poitiers à Catherine de Médicis. Instructions du roi pour MM. du Lude et de Montpezat
(2) Arch. de la V., f. des Augustins, l. 2.
(3) *Idem*, l. 7.

L'administration du R. P. Étienne Rabâche, prieur en 1602, réformateur de l'ordre, décédé plus tard à Angers en odeur de sainteté, remit un peu d'ordre dans la maison. Le grand autel de l'église orné de six colonnes fut rebâti et reculé vers le fond avec la sacristie par derrière. La séparation de la nef et du chœur fut enlevée. Trois nouveaux autels furent consacrés, le 16 novembre 1603, par Geoffroy de Saint-Belin, évêque de Poitiers (1).

En 1612, les Augustins reconstruisirent le grand pignon du chevet, du côté de la place du Marché Vieux, là où devait s'ouvrir plus tard la grande porte. Le conseil des échevins craignant un empiétement de la nouvelle construction sur la voie publique, fit signifier au prieur et à l'entrepreneur de maintenir le pignon sur l'emplacement qu'il occupait auparavant. Ceux-ci lui donnerent l'assurance qu'il ne serait en rien innové à l'état ancien (2 et 30 avril 1612) (2).

Cependant des désordres, résultat inévitable du relâchement de toute autorité au milieu des longues et cruelles discordes à peine terminées, s'étaient introduits dans le couvent. Affligés de ce spectacle, les habitants de Poitiers demandèrent aux augustins de Bourges, qui venaient d'être réformés, d'envoyer à Poitiers quelques-uns de leurs religieux pour y apporter le même bienfait. C'est, en effet, ce qui eut lieu. La vie commune y fut rétablie et la piété refit son apparition, *à l'honneur de Dieu et confusion des hérétiques.* Aussi, lorsque certains mauvais esprits manifestèrent l'intention perfide de changer les nouveaux règlements, le conseil de l'échevinage, par décision du 24 avril 1620, supplia-t-il les supérieurs ecclésiastiques de maintenir la réforme au couvent (3).

La *régularité intérieure* étant rétablie et le nombre des professions religieuses augmentant, on sentit la nécessité de reconstruire et agrandir le couvent. Grâce aux secours accordés par le trésor royal, on éleva un bâtiment contenant vingt cellules basses et vingt cellules hautes, un dortoir et une partie de l'infirmerie. La réception des travaux fut faite, le 19 octobre 1635, sur procès-verbal d'un sieur Poussineau, par les trésoriers généraux de France à Poitiers,

---

(1) *Idem*, l. 2.

(2) Rég. 67 des délibérations du corps de ville pp. 127, 133, 140. Le conseil avait donné aux Augustins la somme de 9 livres pour contribuer à leurs réparations.

(3) *Idem*, l. 2.

grands voyers en ladite généralité. Mais, comme la dépense, qui s'était élevée à 4.100 livres, dépassait le devis primitif des travaux porté à 3.150 livres, les Augustins demandèrent au roi de vouloir bien payer l'excédent sur les dépenses des ponts et chaussées pour l'année suivante(1). Plus tard, en 1660, ils ajoutèrent plusieurs chapelles à leur église sur la façade du nord, le long de l'allée conduisant de la place du Marché Vieux au couvent (2).

Un curieux dessin contenu dans un ouvrage intitulé *orbis augustinianus*, édité à Paris en 1659, chez Pierre Baudouin, et existant autrefois dans la bibliothèque des Augustins de Poitiers, représente ce couvent vu du côté de l'occident, c'est-à-dire des jardins. On aperçoit l'église avec sa haute toiture surmontée de deux petits clochers en bois, l'un sur la nef, l'autre sur le chevet. Au nord s'étend un long bâtiment percé de dix fenêtres. C'est celui bâti en 1635, dont une grande partie, transformée à notre époque, forme aujourd'hui l'hotel de Chièvres donné à la Société des Antiquaires. La rue Victor-Hugo, ci-devant de la préfecture, ouverte en 1869, a emporté la partie antérieure de l'église et traversé les anciens jardins du couvent.

Les Augustins avaient conquis une grande influence et une profonde considération dans le public religieux de Poitiers. Un grand nombre de personnes de tout rang et de toutes conditions tenaient à se faire ensevelir dans leur église et se recommandaient à leurs prières au moyen des fondations de messes qu'ils instituaient par leurs testaments. Une ordonnance de M. de la Rochepozay, évêque de Poitiers, du 3 avril 1645, confirmée par arrêt du parlement de 1646, régla d'une manière équitable, dans le but de sauvegarder les droits des curés de paroisses, tous les détails des cérémonies funèbres quand, par ordre des défunts, elles devaient avoir lieu dans les églises des couvents. Une autre ordonnance du même évêque du 24 sept. 1649 permit aux Augustins d'exposer le Saint Sacrement tous les jeudis(3).

La lecture des testaments des personnes ensevelies dans leur église, testaments d'ailleurs semblables à tous ceux de cette époque, est véritablement édifiante. Elle démontre de la manière la plus sûre et la plus vraie, la vivacité, la sincérité de la foi religieuse des anciennes

(1) Arch. de la V. f., des Augustins, l. 2.
(2) *Idem*, l. 3.
(3) Arch. de la V. f. des Aug., l. 3.

générations. La première préoccupation des testateurs, c'est le salut de leurs âmes. Ils fondent des messes et des anniversaires, chacun dans la mesure de ses moyens, règlent minutieusement les détails des cérémonies, le nombre et la nature des prières, le lieu où leurs corps seront déposés, les jours où les religieux iront y prier pour leur salut. Les termes mêmes qu'ils emploient pour prescrire leurs dernières volontés sont d'une simplicité et d'une piété vraiment touchantes.

Rappelons ici les noms d'un certain nombre de ces personnages oubliés dont les descendants existent encore sans doute dans la cité Poitevine.

1601. — De la Ruelle.

1614. — Du Vignaut.

1617. — Marie Thubert; don de 300 livres.

1621. — Bertrande Allonneau; don d'une rente de 100 livres.

1623, 7 octobre. — Marie Thoreau, veuve de Jean de Villeret; don d'une rente de 40 sacs, assise sur sa maison près du cimetière de Saint-Porchaire, sur la rue de l'Arsenal.

1624. — Adam, chanoine de Saint-Pierre-le-Puellier; don de 25 livres de rente.

1625. — Pillot, procureur; don de 300 livres.

1631. — Calixte Engaigne; don de 2.000 livres.

1641. — Lelet et Catherine Frottier.

1644. — Suzanne Thubert; don de 150 livres.

1645, 21 décembre. Marie Jaudonnet, veuve de Jean de Meschinet, éc., sr des Jousteaux, gouverneur de la ville et château de Bressuire, exempt des gardes du corps du roi, fonde des messes pour son mari enseveli aux Augustins en la chapelle de Notre-Dame.

1648, 15 octobre. — Bernard Patriarche, fils de feu Joachim Patriarche, en son vivant lieutenant au régiment de Navarre, natif de Metz, sur le point de faire profession religieuse aux Augustins de Poitiers, institue sa sœur pour son héritière universelle, à la charge de donner 800 livres au dit couvent.

1649, 28 septembre. — Jeanne Rat, demeurant rue des Hautes-Treilles, près des Augustins, choisit par son testament sa sépulture dans leur église et leur lègue une rente.

1650, 5 novembre.— Georges Chessé, éc., s^r d'Anzec, demeurant au Marché Vieux, fait un testament semblable.

1652, 3 août.— Renée Sicard, veuve de Louis Garnier, éc., s^r de la Pommeraye, choisit sa sépulture dans la même église.

1652. — François Cytois, doyen de la faculté de médecine.

1653. — De Chateauneuf.

1654. — Bourgeois.

1655. — Françoise de Nicolaï.

1657. — Richard de la Roche de Bran.

1658. — Caillet de Vérines.

1660. — Catherine Morisset donne 1.000 livres.

1662, 28 juillet.—Anne Gombaut, sœur de Charles Gombaut, éc., s^r de Méré qu'elle institue son exécuteur testamentaire, demeurant au Marché Vieux, élit sa sépulture dans la chapelle Saint-Sébastien.

1665, 24 juin. — Hilaire de l'Age du Rivaut lègue aux Augustins 2.700 livres pour fondation de messes.

1666, 19 août. — Jeanne Mercelet, veuve de Jacques Giraud, s^r de Boisrond, leur lègue une rente de 83 livres.

1666, 23 janvier. — Le s^r de Montpommery, condamné à mort pour assassinats et exécuté à Poitiers, fut enseveli aux Augustins (*Journal de Denesde*, p. 200).

1666, 27 décembre. — Charlotte de Jousserand, épouse de Charles Chasteigner, marquis de la Rochepozay, demeurant au château de Rouilly, paroisse de Cramart, leur lègue 4.000 livres *pour fondation de messes* et élit sa sépulture dans la chapelle de l'Ange-Gardien où elle fut, en effet, ensevelie. Elle était morte à Rouilly le 15 janvier 1667.

1668, 24 février. — Philippe Berland, éc., s^r du Plessis, fils de Jacques Berland, qui par testament du 30 mai 1659 avait élu sa sépulture dans le caveau des Berland, ses ancêtres, fondateurs du couvent et avait légué aux religieux une rente de 25 livres pour fondation d'une messe, constitue cette rente par acte spécial en exécution des volontés de son père.

1670. — Jean Pinet, receveur des tailles, condamné à mort et pendu le 16 mai, pour crime de concussion, est enseveli aux Augustins. (*Hist. du Poit.*, par Thib., III, 429. Arch. mun., rég. 18, l. 43.)

Portail de l'église construite en 1871.

1671. — Geneviève THOMAS, veuve de Louis de Fontenettes, docteur en la faculté de médecine de Poitiers, élit sa sépulture aux Augustins, près de celle de son mari, et lègue 300 livres pour fondation de messes.

1679, 8 juillet. — Marguerite THUAU, dame de Vaux, élit sa sépulture dans la chapelle St-Thomas de Villeneuve et lègue 375 livres.

1688. — Charlotte ENGAIGNE DE ST-GERMIER lègue 200 livres.

1690. — Jacques DE GENNES lègue une rente de 50 livres.

1706, 12 janvier. — Anne BARBIER, épouse de Coutineau, avocat, donne 160 livres pour fondation de messes.

1705, 26 décembre. — Marie PAULTE, veuve de Claude, marquis de Ste-Maure, dame d'Augé, demeurant à Poitiers, choisit sa sépulture dans la chapelle de Notre-Dame et lègue 72 livres.

1710. — LAILLAUD.

1720. — DE LA FÈRE.

1749, 5 septembre. — Jacques DU LUC, chevalier de St-Louis, commandant du régiment du comte d'Eu, est enterré aux Augustins (1).

L'un des bienfaiteurs du couvent qui mérite une mention spéciale c'est le donateur de la belle porte récemment démontée et donnée à la Société des Antiquaires pour être reconstruite dans son hôtel. Le 29 juin 1669, Claude du Chaffaut, sr de la Sénardière, paroisse de Bouferré près Montaigu, se trouvant malade à Poitiers dans la maison de François le Berthon, procureur, rédigea son testament par lequel, choisissant sa sépulture aux Augustins, il leur légua une somme de 3.600 livres, destinée à la construction d'un portail dans le pignon de leur église devant la place du Marché Vieux qui devait un peu plus tard prendre le nom de place Royale. Il faisait ce don, disait-il, pour des raisons particulières et pour l'acquit et le repos de sa conscience (2). Le terrain nécessaire à l'édification de cette porte, d'une largeur de cinq pieds, fut concédé aux Augustins par l'autorité municipale, au mois de juin 1670, à condition de rétablir à leurs frais autant de pavé sur le Marché Vieux qu'ils en prendraient de celui de la rue et de n'employer le dit terrain à aucune autre

(1) Arch. de la V., f. des Augustins, l. 3, 4, 5, 6.
(2) Idem, l. 4.

destination. La première pierre du monument fut posée avec solennité le 12 août 1671 par le maire Jean Gabriau et les échevins qui en avaient été priés par le prieur des Augustins. Ils jetèrent, suivant l'usage, quelques pièces d'argent dans les fondations(1).

Cette nouvelle porte changea complètement l'aspect extérieur et la disposition intérieure de l'église. En effet, elle fut placée sur le chevet, à la place d'une grande fenêtre dont on a pu facilement reconnaître les traces lors de sa récente démolition. Elle était accompagnée de chaque côté de deux belles colonnes cannelées, placées sur un soubassement, surmontées de chapiteaux d'ordre composite bien fouillés, supportant une architrave avec une frise sculptée et un fronton orné des statues de la Ste vierge, de St Augustin et de Ste Monique. Le fronton et les statues avaient été remplacés au commencement de ce siècle par un balcon disgracieux (2). Tout en donnant un accès plus facile à l'église, elle embellissait la place du Marché Vieux par ses élégantes et heureuses proportions. On a attribué la construction de la porte des Augustins à Jean Girouard, artiste poitevin dont la maison se trouvait non loin de là, près des Halles. Mais Girouard, qui revint de Paris vers 1680 et qui sculpta la statue de Louis XIV érigée sur la place du Marché Vieux en 1687, était bien jeune en 1670 lors de l'édification de cette porte. D'ailleurs, il n'était que sculpteur et non pas architecte (3) Il semble bien plus vraisemblable d'attribuer cette œuvre à l'architecte François Leduc dit Toscane, qui construisit en 1660 la chapelle des carmélites de Poitiers et qui fit d'autres grands travaux à St-Cyprien de Poitiers, à St-Maixent et à l'abbaye de Celles. Il mourut à St-Maixent en 1698.

Naguère, en 1633, René Brochard, écuyer, seigneur des Fontaines, conseiller au Présidial avait contesté judiciairement à Philippe Berland, chev., sr de la Guitonière, les droits et les prérogatives honorifiques de fondateur du couvent des Augustins. Mais un arrêt du parlement du 10 juillet 1638 y avait maintenu ce dernier et ses successeurs en qualité de descendants d'Herbert Berland. En vertu de cette décision,

---

(1) *Idem*. — Rég. 121 des délib. du corps de ville.
(2) *Souvenirs du Poitiers d'avant 1789*, par de la Liborlière, p. 9.
(3) *Bull. de la soc. des Antiq. de l'Ouest*, t. III, IV. — Arch. de la V. G. 7 143.

Françoise Berland, fille aînée de Philippe et épouse de François Thibault de la Carte, demeurant à Poitiers, paroisse de St-Porchaire, se transporta avec son mari, le 30 mars 1673, aux Augustins qu'elle somma de les reconnaître pour fondateurs (1).

Les Augustins, parmi lesquels il y eut souvent des docteurs et professeurs en théologie, étaient affiliés à l'université de Poitiers. Celle-ci, par un acte du 7 mars 1665, leur avait conféré, sous certaines conditions, divers droits et privilèges, notamment la soutenance d'actes et de disputes publiques dans leur couvent. Or, en 1685, les Augustins avaient contrevenu à ces conditions. L'université, par un décret du 24 mai, supprima les privilèges accordés en 1665. Les Augustins reconnurent leurs torts et demandèrent une réconciliation. Leur prieur Claude Liger et leur procureur Mathurin Bourgault conclurent, le 4 mai 1688, un accord avec quatre délégués de l'université, Pierre de la Borde, archidiacre de Poitiers, docteur en théologie ; Charles Chaubier, conseiller du roi, docteur régent ès droits ; André Denesde docteur régent en médecine ; le P. Louis Le Jay, docteur ès arts, religieux de la compagnie de Jésus. Les délégués recevant les excuses et les regrets des Augustins s'engagèrent à faire rendre dans huitaine par l'université un décret les rétablissant dans leurs privilèges de 1665, à condition qu'ils appelleraient les recteur et docteurs pour assister et présider à tous les actes et disputes publiques qui auraient lieu dans leur couvent ; qu'ils prendraient jour de l'université pour soutenir les dits actes ; qu'ils lui rendraient tous les honneurs dus par les ordonnances royales ; qu'ils seraient soumis à tous ses statuts et qu'ils assisteraient à la procession annuelle de la fête de St-Thomas, qui avait lieu depuis l'église de St-Pierre jusqu'aux Jacobins (2).

Un autre conflit éclata entre les Augustins et la municipalité, en 1728, à l'occasion d'une de leurs maisons contiguë au couvent où l'on avait caserné une partie du régiment de Richelieu. Malgré l'offre spontanée qu'ils en avaient faite à la mairie dès l'année 1720, ils n'avaient pas tardé à le regretter, car le voisinage des soldats troublait de la manière la plus inconvenante le recueillement et les exercices religieux de leur couvent. Ils supplièrent donc l'intendant

(1) Arch. de la V., f. des Augustins, l. 4.
(2) Arch. de la V., f. des Aug., l. 5.

de la province de vouloir bien y remédier. Le maire et les échevins s'y opposèrent par le motif qu'ils n'avaient transformé cette maison en caserne que par nécessité et à cause de la modicité du loyer. Les Augustins se pourvurent de nouveau auprès de l'intendant, puis du ministre, protestant que la ville n'avait pas le droit de disposer de cette maison. Nous ignorons si leur plainte fut écoutée (1).

Depuis la construction de la grande porte, en 1670, il ne semble pas que le couvent ait été l'objet de grandes modifications. Cependant une inscription trouvée en 1867 et relative à la pose d'une première pierre par Ferdinand Frère, prieur du monastère en 1752, indiquerait l'exécution de travaux sur lesquels d'autres renseignements manquent. Elle est ainsi conçue :

Primum hunc lapidem posuit.
R. P. Ferdinand Frère sacr. theol.
profess. hujusce prior conventus, anno.
Dom. MVCCLII, Benedic. XIV pont.
Ludov. XV regnante (2).

L'ancien dessin de 1659, représentant l'aspect du couvent à cette époque, indique, nous l'avons vu, l'existence de deux clochers sur l'église. Celui qui était placé sur le chevet et par conséquent sur la nouvelle porte de 1670, se trouvait donc en même temps au bord de la rue et de la place royale. En 1760 son état de vétusté l'avait rendu menaçant pour la sécurité des passants sur lesquels on craignait qu'il ne s'écroulât. Le bureau des finances, en qualité de grand voyer de la généralité, ordonna aux Augustins, le 27 novembre, de le démolir (3). Nous ignorons lequel des deux clochers contenait l'horloge. Cependant nous pensons qu'elle était placée dans celui qui s'élevait sur le chœur, car le journal de Denesde nous apprend que, dans la nuit du 28 au 29 janvier 1645, un ouragan avait renversé la grande croix du dome de l'horloge des Augustins (4). Or la gravure de 1659 représente un clocher muni d'un dome sur le chœur.

Le couvent des Augustins demeura florissant jusqu'à la fin de son

(1) Arch. de la V., f. des Augustins, l. 6.
(2) *Bull. de la Soc. des Antiq. de l'Ouest*, XI, 515. L'original de l'inscription est au musée lapidaire des Antiquaires.
(3) Arch. de la V., f. des Augustins, l. 6.
(4) *Journal de Denesde*, p. 129.

existence. En 1703, on y constatait la présence de seize religieux. L'église, enrichie de faveurs spirituelles par les papes et les évèques, était très fréquentée par les fidèles. C'était là où, pendant la dernière moitié du xviii° siècle, se célébrait le dimanche la messe militaire de midi à laquelle assistait le régiment en garnison à Poitiers. En sortant de la cérémonie, le régiment allait faire la parade sur la place Royale, au son de la musique et des tambours, à la grande satisfaction des promeneurs poitevins, toujours si friands de ce spectacle (1).

Confisqué par la Révolution, le couvent des Augustins devint le siège de la société des amis de la constitution, sous la direction d'Antoine Thibaudeau, le futur conventionnel, qui la transféra bientot aux Jacobins (2). Il fut alors vendu nationalement et converti plus tard en magasin de fers, puis en bazar de toutes sortes de marchandises. Un nouvel établissement du même genre qu'une compagnie juive vient d'y installer a fait disparaître de cette église les dernières traces de son ancienne destination religieuse.

Non seulement l'intéressante porte du xvii° siècle et le pignon ont été remplacés par une façade de style commercial, peut-être remarquable en son genre; mais l'intérieur, d'ailleurs déjà bien dénaturé, a été si complètement remanié qu'on ne pourrait jamais se douter qu'il y eut là un édifice religieux. Les morts eux-mêmes, couchés en si grand nombre sous ce sol sacré, en ont été arrachés et leurs ossements mêlés aux décombres ont été dispersés au loin (3). Gardiens respectueux des traditions et de la mémoire des ancêtres, aussi bien que de leurs monuments, les Antiquaires doivent flétrir cette profanation. La précieuse épave archéologique qu'ils ont recueillie conservera le souvenir matériel de cet ancien asile de la prière et de la mort transformé en temple du lucre, de même que ces quelques pages, nous l'espérons, préserveront de l'oubli la mémoire de ses fondateurs, des Poitevins qui y avaient choisi leur dernière demeure et des religieux chargés de prier pour le repos de leurs âmes.

---

(1) *Souvenirs du Poitiers d'avant 1789*, par M. de la Liborlière, pp. 6, 7.
(2) *Mémoires de A.Thibeaudeau*, p. 120. Paris et Niort, 1875.
(3) Disons cependant que durant le cours des travaux, quelques *réclamations* ayant été faites contre ces profanations, plusieurs ossements furent transportés au cimetière de Chilvert.

Noms de quelques prieurs des Augustins.

Hector AMON, docteur en théologie.	1551
Etienne SERPET. . . . . janvier	1574
Christophe GÉRARDY. . . . . juillet	1574
Etienne RABACHE. réformateur de l'ordre.	1602
Claude LIGER.	1688
Pierre COLLOT.	1699
DAUPHIN.	1703
Ange FAVEROT. 1707-1708
Pierre COLLOT. 1713-1715
BARON.	1718
Antoine CONSTANT.	1722
TRIDON.	1728
Charles ROBIN.	1733
Ferdinand FAÈNE, professeur en théologie.	1752
Joseph-Félix FÉRON.	1766
AUGIER.	1789

BIBLIOTHÈQUE
DON
DELISLE BURNOUF
IMPRIMÉS

Extrait du BULLETIN DE LA SOCIÉTÉ DES ANTIQUAIRES DE L'OUEST
(1er trimestre 1896)

Poitiers. — Imp. BLAIS, Roy et Cie, 7, rue Victor-Hugo.

Fin d'une série de documents
en couleur